Les Perles Rouges: 93 Sonnets Historiques...

Robert Montesquiou-Fézensac (comte de)

ROBERT DE MONTESQUIOU

LES
PERLES ROUGES

93 SONNETS HISTORIQUES

PARIS

bIBLIOTHÈQUE-CHARPENTIER

EUGÈNE FASQUELLE, ÉDITEUR

11, RUE DE GRENELLE, 11

1899

LES

PERLES ROUGES

DU MÊME AUTEUR

POÉSIES

LES HORTENSIAS BLEUS.

LES CHAUVES-SOURIS.

LE CHEF DES ODEURS SUAVES.

LE PARCOURS DU RÊVE AU SOUVENIR.

PROSE

ROSEAUX PENSANTS.

AUTELS PRIVILÉGIÉS.

ROBERT DE MONTESQUIOU

LES

PERLES ROUGES

93 SONNETS HISTORIQUES

PARIS

BIBLIOTHÈQUE-CHARPENTIER

EUGÈNE FASQUELLE, Éditeur

11, RUE DE GRENELLE, 11

1899

THÉATRES D'EAUX

ET

PARTERRES DE BRODERIES

I

PERLES ROUGES

Mes vers ont reflété votre Miroir, ô vasques
Dont l'orbe s'arrondit tel qu'un clair bouclier ;
Vos Glaces, Galerie, où rien n'ose oublier,
Et dont le cœur est plein de plumes et de casques.

Tous les paniers géants, les justaucorps à basques
Dans ce double cristal vont se multiplier ;
Et des perles en pleurs, des larmes en collier
Roulent au bord des yeux, lorsque tombent les mas

En vain le Temps est rude, et le Ciel est changeant;

Le grand Louis, qui fut notre Grand Alexandre,

Dans le soleil couchant, tous les soirs, vient descendre...

Et rougir et pâlir, en l'or, et sur l'argent

Que ces rangs, alternés de pourpre et de grisailles,

Font, tour à tour, neiger, et saigner, sur VERSAILLES.

II

Verbe fait d'un silence où des luths ont gémi ;
Souffle éclos d'une haleine où vécurent des roses ;
Regard né d'un mystère où moururent des choses ;
Parole interrompue aux lèvres d'un ami.

Dormeur mal éveillé, rêveur mal endormi
En délectations suavement moroses.
Effets survivanciers de l'envol de leurs causes ;
Mot qui sourit à peine, et qui pleure à demi.

Voile qu'un dieu défunt a pris pour manuterge ;
Adieu d'un mort cueilli sous la flamme d'un cierge,
Et sur le seuil du temps longuement dégusté.

Front que l'ombre o bnubile et que la flamme effleure ;
Deuil qui persiste, amour qui cesse, chant qui pleure
Sur un lac fait de lys qui saignent : VÉTUSTÉ !

1.

III

.

Tant de soleils sont morts dans ces bassins augustes,
Qu'on dirait des coffrets d'étoffes et d'atours :
Robes couleur des nuits, rubans couleur des jours
Que vécurent des dieux dont s'effritent les bustes.

Leur gloire immesurée et leurs grâces injustes
Ne sont plus que de l'herbe au dallage des cours ;
Un texte inattendu commente leurs discours :
La mousse en leurs cœurs froids et sur leurs lèvres frustes

Les rois n'ont plus de sceptre entre leurs doigts brisés ;

Vénus n'a plus de rose entre ses doigts rosés ;

Cupido n'a plus d'aile ; Apollo, plus de lyre...

Et la glace des eaux les aide à se flétrir ;

A l'heure de s'éteindre heureux de se sourire,

Heureux de se mirer à l'heure de mourir !

IV

PEINTRE DU ROY

Portraitiste attiré du vieux Versailles, Lobre,
J'aime à m'entretenir avec vous de ses maux ;
De ses bergers de pierre aux muets chalumeaux,
De ses rois, de ses dieux que ronge un morne opprobre.

Nous nous promènerons, un triste et riche octobre,
Sous l'abri blondissant des charmilles d'ormeaux ;
Et nous regarderons, en somptueux émaux,
Le parc agoniser d'un geste auguste et sobre.

La première à s'enfuir est l'âme des tilleuls.
Ils brodent sur les eaux l'or vivant des linceuls
Dont la pompe funèbre automnale se feutre.

Les marbres sont souillés, les arbres sont rouillés ;
Et d'un étrange élan énigmatique et neutre,
Eux-mêmes, les Tritons, se sont agenouillés.

V

La Nature reprend ses droits sur tes vestiges,
Double marbre, Hyacinthe et Pan, grâce et laideur;
Pan redevient lui-même et grave ses litiges
Sur ce groupe pétri de stupre et de candeur.

Pan redevient le Tout, vibration, odeur;
L'effarement des bruits, l'élancement des tiges;
Et, pour multiplier ses fourmillants prestiges,
Un reflet qui vacille irise leur froideur.

Le Chèvrepied velu sent l'envahir la mousse;
L'oiseau niche en son cœur où vibre une voix douce,
Quand, sur un duvet blond, le baiser prend son vol.

Et c'est des roseaux joints de la syrinx verdie.
Que j'entends, dans le soir où Phœbé s'irradie,
Couler le cristal frais des chants du rossignol.

VI

LE SOIXANTE-SEPTIÈME

En pente douce, en dôme vert, monte l'allée
Des marmots noir mêlés au marbre violet.
Soixante-six bambins font un troupeau complet,
Sous vingt-deux miroirs d'eau qu'évente la feuillée.

Trois par trois assemblés sous la coupe émaillée,
Tel, chasseur, tient sa pique, ou, chantre, un flageolet.
Gaines, ou chèvrepieds, ils vont par triolet ;
Et, trois autres, Tritons, ont la jambe écaillée.

Sous l'ombre le zébrant d'un dessin de Kaschmir,
Bicentenaires, ils regardent s'endormir
Un tout petit enfant sérieux comme un bonze...

Et la mort du sommeil qui sur lui se posait,
Sous les yeux immortels de ses frères de bronze,
Apprenait à mourir au vivant *marmouset*.

VII

L'if seul garde encor vert son funéraire cône
Dans ce parc magnifique et mélancholieux;
Un végétal drap d'or s'épand sur ces beaux lieux :
C'est la prise d'habit de la Nature, en jaune.

Le dépérissement des plus immortels dieux
Éclate en ce décor incandescent d'icône;
L'ablation d'un sein a fait une amazone
De cette Nymphe en proie au temps luxurieux.

L'irradiation de leurs iconostases

Console de mourir les bustes et les vases,

Théâtres d'eaux, parterres d'eaux, montagnes d'eaux...

Dont la vraie automnale allégorie est celle

Qu'érige une statue entre ces blonds rideaux,

Toute nue, et jouant d'un grand violoncelle.

VIII

Quelquefois une horreur sacrée et sépulcrale
Sort d'une allée, abside aux pilastres ligneux.
Comme des chapiteaux, l'arbre a noué ses nœuds,
Et sa voûte se change en verte cathédrale.

Les brumes, en encens, y tournent leur spirale ;
Le soleil y pénètre en lustres lumineux ;
Et les oiseaux, ayant rythme et couleurs en eux,
Sont la psallette ensemble, et la fresque murale.

Le plus incoercible organiste, Kreissler,

Que Schumann eût chéri, qu'Hoffmann eût aimé : l'air,

Des *Te Deum* lointains exerce encor la morgue.

Il adjoint à son rôle un souffleur inconstant ;

Et l'orage et la brise attachés à son orgue

Alternent le *bourdon*, la *flûte*, le *prestant*.

2.

IX

Les parfums dans l'air mol s'exaltent : il a plu.

L'air est plein de vapeurs qu'un crépuscule bleute.

La *lutte aérienne indécise* est de Gœthe,

Dont les Affinités électives m'ont plu.

Un noble souvenir du livre qu'on a lu

Est un mystérieux et puissant thérapeute ;

En nous, notre mémoire, apaisant son émeute,

Comme Mademoiselle, est grand hurluberlu[1].

1. Le mot est de Chateaubriand.

Tant d'augustes beautés que ce lieu réalise

N'ont que peu de témoins. On dirait une église

Sans fidèles : son rite est pourtant fabuleux,

Lorsque, pour quelques gens nés à Philadelphie,

Dans cette solitude et ce silence bleus,

Mélodieusement, Philomèle solfie.

X

Ce Bacchus me séduit parmi bien des statues :
Son ivresse s'affine entre de lourds raisins ;
Des contours ambigus et d'hybrides dessins
Cernent languissamment ses formes dévêtues.

Le soleil à travers l'écaille des tortues
Est d'un éclat moins blond que l'or de ces bassins,
Où l'automne se mire et mêle ses essaims
De feuillages mourants et d'étoiles perdues.

C'est un mystérieux visage du Vinci

— Oui, la Joconde seule a ce sourire ainsi —

Dont ce Dionysos enchante l'eau qu'il teinte ;

Ce flot de son reflet et de son vin grisé,

Où sa perversité par lui-même est atteinte,

Et qui rend son image à son regard frisé.

Ces Marbres que sans bruit la vétusté dénude,

Lui rendent, tel, sa robe, et de pires, leur chair.

Moi-même j'en ai vu plus d'un qui me fut cher

Céder languissamment aux coups de l'hiver rude.

A tort Vénus défend d'un doigt vainement prude

Des seins amenuisés par les baisers de l'air;

Car tout ce qui faisait leur gloire dans l'éther,

Le Temps, pierre par pierre, à chacun d'eux, l'élude.

Dans un geste que rend inutile un envol

Tous attestent ce dont ils déplorent le vol :

L'un regrette son front, l'autre pleure son sexe.

Mais pour montrer, de tout, le seul Amour vainqueur,

A ce dieu dont l'air fit un squelette qu'il vexe,

La rouille, sur son flanc, linéamente un cœur !

XII

Tout est en or, tout en brocart, tout orfévri.

Le bosquet prend des bruns de vieux cuir de Cordoue ;

L'émeraude se change en escarboucle, et noue

D'une aiguillette d'ambre un velours canari.

La pelouse a des tons de safran, de kari ;

Le *Tapis Vert* devient tapis fauve ; une toue,

Sur l'eau du Grand Canal, glisse, et le ciel y joue...

Et ce ciel même est jaune et rose Du Barry.

Un feuillage y met comme un feu dans une vergue.

L'air métallique verse aux bassins un trésor;

Et cette pièce d'eau n'est qu'une pièce d'or.

Le reflet d'une fleur en contourne l'exergue:

L'image du soleil se double en sa paroi :

C'est un noble à la rose effigié d'un Roi.

XIII

Le grand enterrement de la Terre s'ébauche,
Se creusant à soi-même une fosse, où descend
Sa boue, incorporée aux feuilles rouge sang,
Que, pour se transfuser leur sève, le vent fauche.

Pour le grand jugement où les boucs sont à gauche,
A droite, les brebis, tonne le Tout-Puissant :
Il jugera les jours au poids le plus pesant
De leur mansuétude ou bien de leur débauche.

On enterre l'automne : — elle n'est qu'un linceul !
C'est son feuillage mort qui richement lui tisse
Un semblant de cadavre, où le trépas est seul.

La tombe reste vide : — il lui faut une proie.
— Qui se dévoue, amis ? — C'est ici que l'on broie...
Ne se trouvera-t-il personne pour mourir ?

XIV

La feuille morte pleut à flots, par cataracte,
Emplissant une coupe, un verre, un vase, un muid,
Un bassin, une vasque, une fontaine, un puits,
Une tombe... pour le décor du dernier acte.

La fleur de la rosée, en givre au bord du buis,
Se transforme à l'aurore et, l'irisant, le lacte.
C'est un vrai nombre d'or de vieille lune, épacte
Que l'an qui meurt calcule en sifflant sous les nuis.

La frondaison coule à torrents et croule à verse;

L'eau ne se ride plus quand le marbre se gerce...

— Comptez ceux de vos jours qui furent les plus beaux;

Et dans un linceul d'ambre, ourdi par la Nature,

Faites-en l'unanime et brève sépulture...

— La feuille tombe à pleins tombereaux, pleins tombeaux.

XV

Le parc a pris, par place, un ton de rouge étrusque,
Sous les fours dont l'Été rend le feuillage sec ;
Le rideau s'ouvre, il entre en scène un acteur grec :
Un Phébus, une Hébé, qu'une blessure offusque.

Parterres qu'un parfum qui s'invétère, musque ;
Vases d'où semble sourdre une senteur d'arec ;
Ganymède sans aile, à son aigle sans bec
Offrant le pallium d'une jaune lambrusque.

Vous êtes le débris, lapidaires fémurs,
Historiques charniers; vos ossuaires mûrs
Dégagent un relent de stupre et de remugle;

Les plus blancs de vos dieux ne sont qu'éburnéens;
Et, même à vous, l'archange a sonné de son bugle
Le jugement dernier des morts marmoréens.

XVI

De feuilles mortes le bassin s'ambre et s'étoupe :
Chaque vase de marbre en est plein jusqu'aux bords.
Ce ne sont que des escarboucles, et des ors,
Qui débordent à flots du col et de la coupe.

D'une fourrure mauve elles vêtent un groupe
De Tritons à genoux dans un geste bistors,
Qui surveillent la flotte où ces feuillages morts
Ont le vent de l'automne en leur minime poupe.

Dépouilles de métal, de cuir, de zinzolin,

Qui zèbrent le carrare et le sarancolin,

De leur agonisante et pompeuse cohorte.

Et la connexité de tant d'efforts royaux

Aboutit à ne ceindre aucuns plus clairs joyaux

Que celui que l'hiver fait d'une feuille morte.

XVII

Les pleurs de Niobé, les larmes d'Eloa

Roulent en feuilles d'or sur le stuc du piédouche ;

Un murmure l'effleure, une flamme le touche :

Ce chant vient d'un bouvreuil ; l'astre est un althœa.

Le parterre est tracé comme un alinéa ;

Le Zéphyre aux Hébés met des fleurs à la bouche ;

La mouche de leur joue est vraiment une mouche ;

Des mousses, à leur col, contournent un boa.

Là, des collations les pyramides fraîches
Présentaient à piller les confitures sèches :
Le doux rahat-loukoume ou l'exquis dawamesk.

Et, pour que ma lecture à ce lieu s'approprie,
Le livre qu'un rayon, d'ombre et de soleil strie
Est l'auteur curieux, au nom rare : Peiresc.

XVIII

Sous les villosités violettes des tartres
Les blancs Olympiens ont pris des tons caducs.
Et, des arbres sans sève, et des plantes sans sucs
L'automne qui descend les vêt comme de martres.

L'ombre et la vétusté les rouillent de leurs dartres,
Ces dieux à qui les rois voulaient des airs de ducs :
Et le soleil mourant qui fuse sur les stucs,
Y verse les joyaux des verrières de Chartres.

Le Ciel est tout en fleurs, l'occident tout en fruits ;
On dirait des éclairs forgés avec des bruits,
Des bouches de clairons et des rayons d'épées.

L'horizon est vraiment historique ce soir...
Car dans le panier d'or du couchant on croit voir
Tomber des grains saignants faits de têtes coupées !

XIX

FANFARE

Les feuilles mortes ont posé leur jaune bourre
Sur les chemins dont l'herbe affecte des tons bruns.
Le bosquet, chaque jour, accroît de quelques-uns
Ces plis dont l'eau se voile et dont le sol se fourre.

Quelque chose dans la nature s'énamoure :
Le parterre s'exalte en de derniers parfums ;
Et, dans le Parc chargé de prestiges défunts
La Diane de marbre écoute un laisser-courre.

Elle entend les soupirs d'une bête aux abois :
Est-ce la royauté qui chasse au fond des bois,
Triomphante parmi les éclats de sa meute?

Ou bien est-ce elle-même, acculée au défaut,
Qui, parmi les abois inhumains de l'émeute,
Tressaille aux hallalis du sinistre échafaud?

XX

Sur les feuilles aux tons d'écaille et d'orichalque

La somptueuse automne a posé son amict;

La bise, sur les bois, siffle un aigre verdict;

Le ciel moins bleu dans l'eau plus verte se décalque.

Des souvenirs heureux la mémoire défalque

Le nombre trop restreint des jours de bonheur strict;

Et, sur l'espace étroit de cet humble district,

Octobre fastueux drape son catafalque.

Un dieu marmoréen célèbre cet obit,

Qui tout à coup devient immense, sous l'habit

Dont le couchant transforme en bourreau, le diacre.

Le blanc peuple de marbre en devient rougissant,

Et ne sait si, dans l'or, il est témoin d'un sacre ;

Ou si, sur la bascule, il baigne dans du sang.

4.

XXI

JONCHÉE

Des bouquets de lilas, d'iris et de tulipe
Sont comme réveillés aux vitres du château
Par ce soleil couchant d'un autre Pausilippe
Fait de vasques de fleurs et de parterres d'eau.

Chaque vitre allumée a comme son rideau
Où toute la splendeur afflue et participe;
Tel un lacrymatoire irisé sous le cippe;
Tels, un ciel à Venise, ou la mer au Lido.

Des bouquets de glaïeuls, de roses, de verveines
Éclatent sous la vitre ouverte aux quatre veines
D'un ciel où tout le sang de Flore vient courir.

Des bouquets de soucis, de mauves, de jacinthes
Se fanent aux carreaux des verrières éteintes
Où le pavot nocturne à son tour va fleurir.

XXII

Dans les brandons du Ciel qui brûle, je crois voir
De rouges lis broyés, des lambeaux de chair tiède ;
Moreau l'aurait bien peint, ce couchant sanguinède
Où la pourpre des Rois s'effrange dans le soir.

Sur les miroirs d'onyx des bassins d'un vert noir,
Des lèvres d'une plaie un sourire m'obsède ;
Au-dessus, des agneaux écorchés, que précède
Un berger empourpré, vont au rouge abreuvoir.

Tout le débarquement de Cléopâtre à Tarse,

Dans cette incandescente agonie est éparse :

Lorrain brandlt sa torche, et Turner est en feu !

Le peintre Orizonnté, que son nom symbolise,

A Versailles ayant fait défaut, qu'on élise

Le pinceau de Besnard et le pastel d'Helleu.

XXIII

Les arbres d'un vert noir où le regard s'enfonce,
D'un velouté mystère étoupent les bosquets;
Des dieux marmoréens superbes ou coquets
Sont des taches de lait sur l'azur qui se fonce.

Le bassin au ciel vaste envoie une réponse
Faite des astres qui s'y mirent par bouquets.
Le jet d'eau qui retombe en grappes de muguets
Met comme un spectre bleu dans la nuit du quinconce.

C'est la nuit. Le couchant fut rouge. Il plut des ors.

Le Soleil-Roi fut pris — tel un quatorze cors;

Il chut dans le bassin comme un bouquet de têtes.

Le Paros devint flamme à ce saignant bourbier;

Et, rouge exécuteur de ces royales fêtes,

Le jet d'eau rejaillit en grappes de sorbier.

XXIV

Ce sont filles de Rois que ces Grandes-Eaux Fées,
Gerbes de lis, vierges en blanc, spectres bleuis;
En elles coule encor tout le Rhin de Tolhuis,
Et de plumes d'autruche on les dirait coiffées.

Perles et diamants aux jupes étoffées,
Émeraude, améthyste et saphirs réjouis,
Rubis, topazes font des iris inouïs
Dans leurs crinières d'eau qui sont ébouriffées.

De Mesdames les Eaux les ébats sont subtils;

Et Madame Seconde éparpille sa gemme

Sur les lis qu'en sa main tient Madame Septième.

Leur aïeul Apollon en dore les pistils;

Et son char qui s'embourbe, à Madame Première,

Envoie en expirant un baiser de lumière.

XXV

Sur cette eau dont la Lune opalise le disque,

Un pétale de rose a fait flotter un as;

Un cœur, sur une coupe énorme d'hypocras,

Que surveille l'œil vert d'un reflet de lentisque.

Un nuage qui passe y mêle une odalisque.

L'étoile qui s'y mire à son col pique un stras :

Il faudrait l'art charmant de Saadi de Chiraz

Pour chanter dignement l'air de cette Morisque.

L'odalisque s'allonge et s'étire en rêvant;

Et le cœur de la fleur que la rose du vent

Vers elle dirigeait, se détourne et bifurque.

Et l'éclair du bijou que la brise fait fuir,

Au regard de l'arbuste indique le zéphyr,

Qui, d'un coup d'aile, fait s'évanouir la Turque.

XXVI

Le pétale de rose, aux murs d'Elagabale,
Arraché par l'issue affreuse des festins,
Royauté, pleut encore au cours de tes destins
Dont un doigt lumineux a tracé la Kabbale.

La pluie exquise étouffe un éclat de cymbale ;
Le convive se rit des accords plus lointains :
Son rire tourne en cris, vite, eux-mêmes éteints
Sous la chute sans fin du bouquet sans sépale.

Le déluge de pourpre environne sans bruit,

Sur la table, la coupe ; — en la coupe, le fruit ;

L'épaule, sur le torse, — et la tête, aux épaules.

Mais la fleur qui voltige ainsi qu'un papillon,

Abandonnant la scène aux plus grands premiers rôles,

Cède aux rugissements énormes du Lion !

5.

XXVII

La galerie où sont les glaces au cœur mol,
C'est le Parc, dont l'eau noire a gardé les visages ;
Miroirs de doux portraits et de fières images
Que n'avait point prévus le vieux Piganiol.

Pharaon, lansquenet, reversi, cavagnol
Se jouent en feuille morte au cœur froid des bocages ;
Parfois du sang imite une rose aux corsages ;
Un collier de rubis coule le long d'un col.

Un nénuphar éclaire un front d'une lunule ;
Et, lorsque le mirage est ressemblant et net,
L'air sur ce pastel glisse un souffle qui l'annule.

Mais un charme en subsiste à ce vert cabinet
Où la Nymphe en prison que le jet d'eau relaxe,
Disperse en ce bosquet l'odeur d'un gant de Saxe.

XXVIII

Ces bassins sont pour moi le baquet de Mesmer ;
Sans cesse m'y ramène un influx magnétique :
Apollon qui s'y noie est apothéotique
Et se proportionne aux rives d'une mer.

Tout ce qui fut suave, ou ce qui fut amer,
Leur rétrospection, qui l'accuse, l'indique.
Synthétique est leur glace, et leur flot synoptique ;
Et le soleil couchant rougit leur outremer.

Une goutte de sang, qu'il vaporise, jaspe

Le col de Montespan, le torse de Campaspe ;

Et l'écho du bosquet leur retourne leurs voix ;

Lorsque, sous le grain noir d'une mouche assassine,

La Nature fait place à l'Histoire... — et je vois

Clio se dessiner au cœur de Mnémosyne.

XXIX

Les caisses en argent des orangers en fleurs,
Près des meubles en or miroitaient sous les lustres ;
On y passait du génie humble aux sots illustres,
Car Versailles en vit de toutes les couleurs.

Même dans ce beau lieu mal fait pour les douleurs,
On admettait, aux grands couverts, près des balustres,
L ors des accouchements ou des festins, les rustres,
Pour que le Roi connût ainsi le goût des pleurs.

Aux voix des concertants mêlés aux symphonistes,

La compagnie allait folâtrer sous les xystes,

Ou des collations fêter l'apport exact.

Temps dont nos souvenirs vont savourant les vêpres :

Vue, odorat, ouïe, unis au goût, au tact !

Tu nous rends, d'un baiser, tes lèvres, sous tes lèpres.

XXX

Belle urne de Paros, blancs vases de Carrare.

Les larmes de l'Aurore et les pleurs de l'Amour,

L'exil des Royautés et les déclins du jour

Ont humecté vos bords d'un philtre exquis et rare.

Vous dont, en ses panneaux, Boldini de Ferrare

Peint amoureusement le superbe contour,

Tant de soleils couchants endormis sans retour

Vous ont dorés d'un miel teint d'ambre et de curare.

Vos flancs sont de soleil ciselés et polis.

Des vierges dont les pas foulent aux pieds des lis,

L e Temps est l'échanson qui vous renverse, Vases !

Votre âcre enivrement est fait de souvenir ;

Le Passé de vos cœurs déborde, et vos extases

Se trament d'être beaux, et proches de finir !...

XXXI

VOITURES

« Où tant d'or se relève en bosse. »
MOLIÈRE.

Véhicules pompeux de baptême ou de sacre,
Carrosses monstrueux, frêle chaise à porteurs,
Vous êtes la Maison-du-Berger des pasteurs
Dont le bien au soleil mesure plus d'un acre.

De laquais chamarrés, de graves conducteurs
S'ornaient vos housses d'or et vos brancards de nacre ;
Vos caisses, vos panneaux portent un simulacre
Dont le symbole éteint évoque les acteurs.

Des traîneaux, faune on fleur, le décor s'évertue :
Pour Barry, léopard; pour Maintenon, tortue;
Pompadour a son tigre, Antoinette ses lis.

Violettes Empire, hortensias d'Hortense,
Roulez, portez, glissez vers vos passés pâlis
Votre éternellement immobile partance.

XXXII

Louis Treize est un roi fauconnier; ses gerfauts
Apprennent par Marie à connaître les fouines.
L'enfant à la Régente échappé grâce à Luynes,
Trouve l'autour moins dur et les renards moins faux.

Il dresse des gibets et des arcs triomphaux,
Il écoute en son cœur pluviner des bruines;
Il semble un clair-de-lune errant sur des ruines,
Et dont les rayons froids sont pareils à des faux.

De ce même mouchoir dont il cache la gorge
De ses mornes amours pleines de faux départs,
Il étanche le sang chu du chef de Cinq-Mars.

Et sa noirceur de nuit touche aux rougeurs de forge,
Dans ce double vol fait d'une ombre et d'un fanal :
Sur aile de corbeau, plume de Cardinal.

XXXIII

NEC PLURIBUS IMPAR

Louis Quatorze, le Grand Roi, le Roi-Soleil,

Fut l'organisateur de la Magnificence ;

Il compte ses rayons : Corneille en sa puissance,

Racine sur son front, Scarron sur son orteil !

Condé, Turenne pour gardiens de son sommeil ;

La Bruyère, en son parc ; et Molière à sa mense.

Où Bossuet finit, Fénelon recommence ;

La Fontaine est sans pair, et Puget sans pareil.

Bernin fait se lever des astres dans ses boucles ;

Montespan, La Vallière ont l'éclat d'escarboucles...

— Tel, hérissé des yeux de tout son siècle, tel,

Le Brun le peint sur un Pégase qui s'ébroue,

Dont le vol qui s'allume émaille sur le ciel

L'immense orbe ocellé d'un Paon qui fait la roue !

XXXIV

Parfois Louis Quatorze en perruque a souri.

Après avoir passé le Rhin et la Moselle,

Il fait du jardinage en descendant de selle;

Il plante, émonde, greffe au potager fleuri.

Sur la treille il apprend à dénombrer le tri

Des grains de cette grappe où Versailles excelle,

Pour linéamenter ce raisin qu'on ciselle,

Et qui survit conforme aux préceptes d'Oudry.

Sous les lois de Pomone et de La Quintinie,
Le plus grand Roi du monde exerce sa manie
D'être un instant, lui-même, à sa glèbe, son serf.

Et la numismatique enregistre la bêche
Par qui, cessant de courre et la gloire et le cerf,
Louis ente la poire et récolte la pêche.

XXXV

La Vallière est boiteuse : elle a de doux écarts.

Elle sert d'exercice à Jupin qui prélude ;

Il l'entraîne en l'Olympe — et la rupture est rude :

Il la laisse tomber du haut de ses regards.

Du char de Jupiter elle orne les brancarts,

De moins de volupté que de mansuétude ;

Comme d'aimer les dieux elle a pris l'habitude,

Elle trouve la bure au sortir des brocarts.

Une céleste Cour pour son exil se rouvre :

Versailles fut un temple — un couvent est un Louvre ;

Jésus sera fidèle où Louis a menti.

De ses fins cheveux blonds elle tresse une corde ;

Et, comme un Ange fait d'un Eros repenti,

Devient, Louise, Sœur de la Miséricorde.

XXXVI

Il te faut enfanter parmi la tubéreuse

Dont l'odeur est mortelle aux parturitions;

Ce fils qui vient de naître avec précautions,

La Cour doit ignorer sa naissance peureuse.

Toi que l'Histoire nomme une Grande Amoureuse,

Tes fardeaux sont plus lourds que ceux des Ixions!

Tu roules tes plaisirs, des Gnides aux Sions

En lesquelles, pour toi, le repentir se creuse.

De procréer un Duc si l'orgueil t'est donné,

Ta clameur triomphale au nom du nouveau-né

Se tait — pour épargner un opprobre à la Reine !

Et ton cri maternel à la mort de l'enfant,

Lorsque sur toi, le cloître a clos sa sainte arène,

Se tait — pour épargner un scandale au couvent !

7

XXXVII

Dénouant ses liens et coupant ses cheveux,
Substituant la bure à la pourpre, aux agates,
Lorsque, le voile au front, aux pieds, les alpargates,
L'*Illustre Pénitente* eut accompli ses vœux ;

De Louise, Marie accepta les aveux ;
La Reine eut, pour la sœur, des grâces délicates :
En elle ses vertus furent des avocates
Plaidant pour le pardon des adultères feux.

Elle fut visiter l'austère Carmélite.

Celle-ci, d'un élan qui la réhabilite,

Voulut rester debout, tout le temps du parloir.

Mais le Roi — qui jamais ne revit l'humble sainte,

A ceux qui franchissaient l'expiatoire enceinte

Disait : « Elle est Duchesse ; elle a droit à s'asseoir ! »

o

XXXVIII

L'antique bénitier de Saint-Louis-en-l'Isle
Éternise la faute, et lave le péché.
A l'ombre du pilastre et de l'oubli, caché,
Son deuil s'anéantit, et son pleur s'annihile.

L'eau sainte, dans sa conque, est morte comme une huile;
Au-dessus, le regard à son crime attaché,
Et, le front sur le lac de ses larmes penché,
Depuis deux siècles pleure un Angelot de style.

C'est l'offre expiatoire et le cadeau contrit

Que fit au monastère, en pénitent esprit,

La Duchesse changée en une Moniale !

Mais, d'un tel Chérubin, l'aile a l'air d'un atour,

Dont l'orgueil teinte encor l'eau cérémoniale...

— Et ce reflet d'un Ange y dessine un Amour !

7.

XXXIX

LES DAMES

Diabolique idole apparaît Montespan,
Qui mande à son secours l'intrigue et la Kabbale,
Non contente d'étreindre une douce rivale
Sous les serres d'une aigle et les plumes d'un paon.

Sa robe a tous les feux de l'Enfer dans son pan ;
Le matin elle chasse, et le soir elle balle :
La Messe Noire qu'elle opère en l'intervalle,
Un renégat la dit, qu'assiste un chenapan.

Ton portrait qu'a tracé l'Illustre Épistolière,

Sous tes boucles de blé, tes brocarts de maïs,

T'érige en astre d'or, superbe Athénaïs.

Le Tien est de cristal, ô blanche La Vallière;

Des perles et des pleurs s'argentent sur tes jours,

Louise de Louis, Duchesse de Vaujours.

XL

VICE-REINE

« Il est de toute justice que la Mère
choisisse la bonne de ses enfants. »

L'altière Montespan nous apparaît sanglée ;
Dans des corps de brocart, où des œufs de pigeons
Sont des perles. Sa gorge aux fraîcheurs de bourgeons
Met des fleurs de pêchers sous sa tête bouclée.

Elle vêt l'habit d'or dont l'enrichit Langlée ;
Toute la Cour pour elle est un peuple de joncs :
Innombrable courbette, unanimes plongeons...
Quand la fureur l'étouffe et la cloue, étranglée.

La Gouvernante prude et, mûre du bâtard,

Saint-Esprit redoutable aux ventouses de poulpe,

Les yeux levés au ciel, s'excusant pour la coulpe,

Du sénile Phébus capte un dernier regard...

— Et Quantova croit voir en sa morne colère,

Apollon s'embourber dans l'Amour ancillaire.

XLI

SERVANTE-MAITRESSE

Cette veuve de l'Astre a l'aspect de la Lune :
De Phébus, fait ermite, elle est épouse et sœur ;
C'est par l'apothicaire, et par le confesseur,
Qu'elle assoit son crédit, et fonde sa fortune,

Elle mène de front l'extase et la rancune ;
Nul pot-aux-roses n'a pour elle de rancœur : •
Elle est religieuse, et psalmodie au chœur ;
Elle est aussi caillette, et baisotte à la brune.

Ceinte de lis bâtards et de prude oranger,

Elle atteint de sa griffe et garde sous sa patte

Les clefs du garde-meuble et du garde-manger.

Elle ne sait plus rien de l'ancien cul-de-jatte ;

Elle écoute les vers que Racine lui lit...

Et le Soleil-Couchant se couche dans son lit.

XLII

Les ébats amoureux de ces dieux en perruque
Durent être souvent comiques au déduit.
Sous quels bonnets de nue, en quels bonnets de nuit,
Jupiter loge-t-il cette tête qu'il truque?

Car, à la dérobée, une amante reluque
Un tel morceau de Roi, qui sous la pente luit ;
Et tant de surveillance à la boucle qui fuit
Parfois dut à Jupin jouer des tours d'eunuque.

Mais trop d'architecture est exigeante; il sied
Que, du sol à la cime, et, de la tête aux pieds,
L'auguste Majesté soit superbe et fardée.

Et si, sous la courtine, il offre du réel,
Qu'un royal amoureux parle encore du ciel
En donnant à baiser sa tête mansardée.

XLIII

L'œil était dans la tombe..

Le vrai Louis Quatorze est le seul Saint-Simon,
Le Grand Siècle écoulé survit en son grimoire :
Tapisserie énorme, inexorable moire
Qu'ourdit une Arachné moins ange que démon.

Louis mène le char. Le Duc est au limon.
Les rayons du Soleil rentrent dans son armoire.
Les dieux ne seront grands que selon sa mémoire ;
L'astre n'aura d'orgueil que suivant son gnomon.

Nul ne sait qu'il écrit, ce Mémorialiste!

Des brebis et des boucs il dresse une âpre liste,

Et sa lampe nocturne est un phare immortel.

Il dote, à leur insu, Beauvilliers, Albemarle,

Celui-ci, d'un gibet; celui-là, d'un autel...

Puis, quand le mort est bien au fond de l'ombre... IL PARLE!

XLIV

SÉVIGNÉ

La Marquise est bavarde, et caquète de loin.
Son œuvre est un fil noir dont l'aiguille est la plume :
Elle coud une lettre, elle file un volume ;
Et la maternité bat monnaie à son coin.

Son griffonnage artiste à distance est témoin ;
Même en son encrier, le Roi-Soleil s'allume.
Elle en forge un rayon sur sa petite enclume,
Et la rumeur du monde aboutit à son coin.

En son épistolaire et mince parfilage,

Le siècle se dévide au travers d'un grillage.

En arche de triomphe elle transforme un chas.

Elle brode au pupitre, à l'encre elle babille :

La maternelle ardeur en elle est au pourchas

D'orner une écritoire aux couleurs de sa fille.

XLV

Ces *verts appartements* dessinés par Le Nôtre
Ont vu sauter Bathylle et songer Bossuet ;
Leur sol, où du Passé pose le pied desuet,
Garde l'empreinte du danseur, et de l'apôtre.

Un rythme d'entrechats, un bruit de patenôtre
Mélangent la mémoire, en cet abri muet,
Du doigt qui fut ailé, du pied qui fut fluet,
Et l'on ne sait plus bien distinguer l'un de l'autre.

Le parc étant public, Monsieur l'Aigle de Meaux
Reçoit la clé d'un lieu dont il connaît les aîtres,
Solitude peuplée agréable aux grands prêtres.

Et l'Aigle, sans emphase, adresse aux animaux,
Dans le calme bosquet dont les consacre Ésope,
Un discours sur le cèdre, un sermon sur l'hysope.

XLVI

Le théâtre de lutte est de couleur prasine ;
Des uniformes blancs et rouges, d'ennemis,
S'entre-croisent ; l'honneur et l'argent y sont mis,
Car Bellone est joueuse et plus âpre qu'Argyne.

D'attentifs combattants dont se courbe l'échine
Tiennent de longs bâtons où courent des semis
D'ivoire et de burgau, lorsqu'ils sont affermis
En de royales mains qu'exerce leur machine.

Un gros homme ébloui se pousse par ce jeu.

En ses coups doubles, mettre en joue et faire feu

C'est le roulant chemin qui mène au Ministère...

L'homme d'État, joueur de boules, Chamillart,

Celui dont le nom rime à ce quadrilatère,

A pour champ de manœuvre intime : le Billard !

XLVII

Deux noms chers à l'Amour : Montbazon et Rancé!
La Mort les réunit dans son obituaire :
Elle, en robe de cour, entre jeune au suaire ;
Et, Lui, devient un Saint, qui fut un insensé.

Son bien, aux indigents l'Aumône l'a lancé;
Son alcôve, les pleurs l'érigent sanctuaire.
Son deuil lui fait un froc, d'un cher drap mortuaire;
Il n'emporte au couvent qu'un bijou nuancé.

C'est le Crâne, qu'il vole, en fuyant, au cadavre :
Le front de sa Maîtresse où trône Dieu le Fils
Devient Tête-de-Mort aux pieds du Crucifix.

Et c'est un des aspects du Couchant qui me navre,
De faire ruisseler par ce rouge horizon
Sur les mains de Rancé le sang de Montbazon !

XLVIII

La Foudre, dans l'Olympe, éclate sur Fouquet!
Gorgé d'exactions dont on refait le compte,
Un Versailles singé pousse à Vaux-le-Vicomte
Et fait voir le Soleil miré dans un baquet.

Le Roi vient : sa fureur en va jusqu'au hoquet.
Sur la plus haute branche en vain l'Écureuil monté;
Le Financier s'effondre... il en est pour sa honte
Quand Vincennes sur lui referme son loquet.

Or, les Nymphes de Vaux, en vain, dans leur fontaine,

Pleurent pour votre ami, Sévigné, La Fontaine,

Le Parlement instruit et prononce à son dam.

Et sans fin grignotant sa noisette ou son sucre,

Symbole de l'orgueil érigé sur le lucre,

Le Rongeur, en grimpant, dit : *Quo non ascendam?*

XLIX

Prince de l'Inconnu, Roi des Sphinx et des Sphinges,
Énigme sans retour, l'Homme au Masque de Fer
Déconcerte à la fois, en son humain Enfer,
La fureur des lions et l'astuce des singes.

Il porte son cachot rivé sur ses méninges;
Son printemps, sous l'acier, se soude à son hiver :
Il aime les joyaux, les guipures, le vair,
La splendeur de la pourpre, et la douceur des linges.

Sa guitare, en ses mains, vibre, pleure, et se tait :
C'est son visage, c'est son âme !... Il y chantait
Toute la Liberté qui se refuse à l'homme.

Elle angoisse mon rêve ; elle oppresse la nuit,
La Forêt, l'Océan, le silence et le bruit,
Qui n'ont pu dire encor le nom dont il se nomme !

L

Pas un homme ne mange avec Adéodat[1];

Son Frère, avec honneur, présente la serviette;

Des Cardinaux debout sont soumis à la diète,

Et la nappe, à son centre, inscrit : « Moi, c'est l'État! »

Les mets étant goûtés, nul auguste attentat

Ne menace le Prince, au fond de son assiette;

Il peut en savourer jusqu'à l'extrême miette :

Le poison, s'il s'en trouve, invertit son mandat.

1. Dieudonné.

Le seul convive admis fut, une fois, Molière :
Le Génie est un Astre ; et, d'être hospitalière
A l'auteur de *Tartufe*, une table a raison.

Quant à l'autre Soleil — celui de la devise,
Le Roi daigne ajouter, si d'entrer il s'avise :
« C'est un prince de sang, il est de la Maison. »

LI

Un Monarque observant se distingue au Carême :

Il assiste à la messe, écoute le sermon,

Réduit *le gobelet* et *la bouche*, au saumon,

A l'eau claire, aux œufs frais, au légume, à la brème.

Le deuil, dans les habits, renchérit à l'extrême :

La tête est près du ciel, les pieds près du limon ;

A peine un diamant rappelle Salomon,

Au cothurne, au bandeau de l'oint du divin chrème.

Le Roi ne veut plus être, en rien, qu'au Roi des Rois ;
Il transporte à demain le réveil de ses droits,
Il jeûne dans l'alcôve, à la table il fait maigre.

Puis, pour offrir à Dieu ce qui le mieux lui plaît,
Il met sous le boisseau sa morgue ; et, plus allègre,
Ne sachant autre chose — égrène un chapelet.

LII

SEMAINE SAINTE

Treize petits enfants, bien propres, sont choisis,
Sains d'esprit et de corps, exempts d'érysipèle;
Tels des fruits qu'entre mille on élit et qu'on pèle,
Rejetant les noueux, les impurs, les moisis.

Saturés de parfums et de plaisir rosis,
Par le grand aumônier, menés à la Chapelle,
Le prêtre, tour à tour, les marque et les appelle,
Vêtus de rabats clairs et de draps cramoisis.

1

Le Roi qui, ce jour-là, s'humilie, agenouille

Sa Grandeur au-devant d'un Lis que rien ne souille :

L'Enfance ! — et qui doit croître, intact ou déloyal.

Fleurs qui, toute leur vie, en le juste ou l'injuste,

Sentiront à leur pied cette brûlure auguste

Qu'un Saint jour, sur leur chair, mit le baiser royal.

LIII

Il joue au naturel les Mythes, les Roger ;
(L'Angélique pâmée, en la coulisse est sienne.)
Il s'habille à la Turque et s'orne à la Persienne ;
Aucun déguisement ne lui semble étranger.

En Curtius il piaffe au fond de son verger.
Quant à sa collerette, elle n'est pas ancienne :
C'est un point de guipure où la Vénitienne
Tisse de cheveux blancs ce réseau plus léger.

Sa transformation sans fin change de style;
Il ceint une cuirasse, emplume un chaperon;
Combat en Alexandre et gambade en Bathylle.

Son geste aux vieux Césars l'assimile — et Néron
(Car le monstre s'engendre en qui ne veut être homme)
Dans ce soleil couchant revoit flamber sa Rome.

LIV

Figurant les Rogers, jouant les Apollons,
Pour émule, Louis n'a que Sarnadapale.
Le droit divin s'attife, et la Majesté balle
En ce Roi qui bourdonne ainsi que les frelons.

Louis mène le branle au son des violons,
Mais de l'Aigle de Meaux il porte aussi la pale ;
Il embrase un foyer plus ardent qu'une opale,
Il y jette brancards, bancelles, scabellons.

L'Assyrien bûcher mérite moins de laudes ;
Son Prince s'y grisa de treilles d'émeraudes,
Que l'on vit rougeoyer quinze nuits, quinze jours.

Le tien est plus royal, Prince français, mon Maître :
Deux siècles écoulés ne le font qu'apparaître ;
Il brûle soixante ans, et flambe pour toujours !

LV

PREMIERS SUJETS

Païen déguisement de nos Rois très chrétiens,
Mascarade à fracas par Jean Nocret décrite,
Cet Olympe ampoulé dont le carton s'effrite,
En costumes de dieux nous présente les tiens.

Les Grâces d'Orléans ont d'augustes maintiens,
Le Dauphin, sous les traits de Cupido, s'abrite ;
Henriette de France a l'aspect d'Amphitrite,
Un Valois, en Génie, a des airs pythiens.

Ta **Majesté** Jovine, au centre de l'estrade,

Des comparses du sang commente la parade ;

Ta **Mère** est en Cybèle, et ta femme en Junon.

Une Reine d'Espagne est Flore, en ton Olympe,

Diane est Demoiselle ; — et ton Frère, sans guimpe,

Monsieur — le Misogyne — est un astre sans nom !

LVI

Plus d'un obscur venin s'exerce en la maison,
Et l'empoisonnement éclate. C'est la Foudre !
Bossuet a le temps d'accourir et d'absoudre,
Et brode le suaire avec une Oraison.

Hier, la calomnie ; aujourd'hui, le poison.
Elle, qui l'a tramée ? Et, lui, qui l'ose moudre ?
A peine on se souvient d'un valet, d'une poudre
Diluée en un plat, dissoute en la boisson.

Madame, dont trop tôt on déplore la perte,

Lors d'un malaise, absorbe une potion verte

Que lui verse le geste exquis d'un garçon bleu.

Or Ganymède tient cette coupe où s'égrène

La Mort de la Princesse... Et l'aigle a fait le jeu

D'un berger de l'Ida, chevalier de Lorraine.

LVII

Un bois d'abricotiers et de bigarreautiers
Met de roses émaux sur de vertes féeries.
Le Roi porte un habit si lourd de pierreries
Qu'il n'en peut soutenir le poids deux soirs entiers.

A travers le royaume, errent des maltôtiers
Par qui sont, des trésors, les blessures guéries ;
A peine, sur le soir, quelques criailleries
Vers Dieu montent d'en bas, dans l'ombre des sentiers.

Des femmes dont les fils ont péri, sombre liste,
Appellent bien, un jour, Louis : « Roi Machiniste! »
Mais leur langue est coupée à la fin du discours.

Quiconque ose se plaindre, a tort : on le fouette
La justice du Roi sur terre est satisfaite ;
La justice de Dieu, dans le Ciel, suit son cours.

LVIII

C'est le rassemblement des princes douloureux
Qu'avertit tour à tour Melpomène ou Thalie.
Dans Versailles, *Tartufe*; à Saint-Cyr, *Athalie*
Enseignent fortement ces terribles heureux.

« Des lambeaux pleins de sang et des membres affreux »
De préventifs sanglots menacent leur folie;
Des calices gemmés, leurs fils boiront la lie
« Que des chiens dévorants se disputent entre eux. »

On entend comme un cri de rois qu'on assassine,

Dans les alexandrins menaçants de Racine :

Le Songe d'Athalie épouvante Saint-Cyr.

L'auguste Majesté que son mal secret ronge

Murmure en s'éloignant, reprise à son plaisir :

« Un songe !... Me devrais-je inquiéter d'un songe ?... »

LIX

Ce Louis-Salomon, cet Apollon-César,

Auprès de son épouse admet sa concubine;

Et, dans un dualisme exaspéré, combine

Le voluptueux bouc, et l'autocrate czar.

Depuis près de cent ans qu'il est dieu sur son char,

S'usent l'or de son astre, et l'art de sa crépine;

De dédain et d'ennui se crispe sa babine

Sous les mots flamboyants du mur de Balthazar,

La Reine de Saba, Vénus des moricaudes,

Qui vient le soulager de ses funèbres laudes,

C'est la Mort : elle arrive à temps ; il faisait nuit.

Et ce suprême orgueil que son doigt vient détendre,

Et qui, d'un dernier souffle, achève tant de bruit,

A la Mort, en mourant, dit : « J'ai failli t'attendre ! »

LX

Aux pieds des Héros Grecs, des Vénus Argiennes,
Le coucher du Soleil est comme un chien couchant,
Dont le dernier rayon agonise en léchant
Les mains des Rois qui vont des maîtresses aux chiennes.

Les femmes, les cités : La Vallière, Marchiennes
Se rendent. Si Naboth veut conserver son champ,
Tous deux, on les transporte ; et l'homme, en se cherchant
Lui-même et son enclos, croit aux Magiciennes.

Libitine égalise aux Princes, les foulons ;

Prenant l'un en sa gloire, et l'autre en sa chaumière.

Le pauvre dit : « J'y vais ! » Et le Roi dit : « Allons ! »

Mais la Parque a filé son linceul de lumière

Pour Lazare géant ; — et son linceul de lin

Pour le vieux nourrisson de la Dame Amelin.

LXI

URBI ET ORBI

Le Soleil fut ton Dieu, tes espaces, ton astre ;
Ton Miroir de Vénus, ta lampe d'Aladin :
Tu violes son trône — il franchit ton gradin ;
Sur son orbe, ton front coïncide, et s'encastre.

Il flamboie en tes yeux, lustre ton épigastre ;
Tes Nymphes l'ont pour sceptre et pour vertugadin.
Il est le tournesol mouvant de ton jardin ;
Il est le mascaron brûlant de ton pilastre.

Tu l'arrêtes au Ciel ainsi que Josué ;

Et, dans son tabernacle, ostensoir de la France,

Versailles le contient, monstrueuse monstrance.

En ta Royale Essence il semble transmué ;

Et, lorsque son déclin se pose sur l'abîme,

Le Monde communie en ton solaire azyme.

LXII

GRANDS ROIS

La Galerie en glace et l'ombreux corridor
Sont, l'une, allée en marbre, et l'autre, verte abside;
Mais la feuille se rouille et l'or moulu s'oxyde
Sous les jours dévorants comme un alligator.

Du Capital Péché le vivant septuor,
Roi, n'est plus que silence au fond de ta pixyde;
Ainsi l'homme propose, et le Seigneur décide...
— Ne fut-il pas Grand Roi, Nabuchodonosor?

Au bout du Grand Canal, qui transpose Venise,

Le Monarque des Cieux, fraternel et frisé,

Au bord du Tapis Vert, l'Astre même agonise.

Et, du dieu dont ton nom s'est allégorisé,

Le halo s'incorpore avec ton diadème;

Et, Soleil sur Soleil, tu rentres en Toi-Même.

11.

LXIII

Autour de l'Astre, danse en rond le Zodiaque ;
Les Signes de l'Anneau sont le plan de Marly
Où le dieu qui sourcille au centre, émeut d'un pli
Les douze pavillons qui lui servent d'abaque.

La Vallière est *la Vierge*, et le Soleil l'attaque ;
Les Gémeaux de son cœur sont l'Amour et l'Oubli.
Le Sagittaire vise, et, de larmes rempli,
Le Verseau laisse en pleurs l'ombre aphrodisiaque.

L'arc-en-ciel joue un rôle au jeu Zodiacal ;

La Couronne veut bien le trouver son égal,

Et, ses jeux irisés dans l'onde, on les tolère.

Son Arche de joyaux rejoint l'Éternité,

Et sert de passerelle à feu la Majesté

Qui regagne le Ciel sur le spectre solaire.

LXIV

Ce que Rembrandt a mis sur le front d'un bourgmestre,
Grand Roi, c'est son génie : il manque à tes portraits,
Le Brun, Mignard, Rigaud ne disent que tes traits ;
Van der Meulen te fait piaffer à grand orchestre.

Demi-nu, comme sont les joueurs de palestre,
Coiffé de frisons faux où se mêlent des rais,
Ces images de bruit nous laissent des regrets
Comme une flaque d'eau reflète un site alpestre.

Et pourtant, à cette heure, un Peintre fut vivant

Que ta gloire éblouit sur les ailes du vent,

De l'airain des clairons au papier des Gazettes.

Vrai Maître qui t'eût fait en Maître, devant Metz.

Et c'est un châtiment, Prince à tant de facettes,

De n'avoir pas été miré par Vélasquez !

LXV

Versailles, c'est Louis, comme Athènes, Cécrops;
Ses Eaux semblent construire une Acropole humide;
Versailles, mieux encore, est notre pyramide :
Au milieu d'un désert de verdures : Chéops !

Au centre d'un désert d'eau morte, un dieu de Rops
Se dresse : c'est le Roi, chaussé d'une cnémide,
Vêtu d'une cuirasse; aucun ne l'intimide;
Mais Lui fait frissonner jusques au chamœrops.

Son portrait luit partout : le bronze, le basalte
Éternise ses traits, et, son orgueil, l'exalte :
Il est le Roi des Rois, le Prêtre du Soleil ;

Il est la Majesté, le Monarque, le Sire...
— Seul, un profil céreux, le peint horrible et vieil :
Le Soleil a fondu — Dieu protège la cire !

LXVI

Étrange aboutissant d'une splendeur si grande,
Cette effroyable cire au jaune horrible et mat,
Aux verts cadavéreux, semble d'un Goliath
L'âpre tête tranchée où luit la mouche à viande.

Lourd profil du dieu mort que la boucle enguirlande,
Prince vers qui montait le sonore vivat!
Ton front putréfié n'offre plus rien de fat,
Ton teint momifié, de plaques se faisande.

Le porphyre s'effrite, et le granit se fond ;
La cire immortalise, en l'étendant, ta ride,
Grâce antique, figée en Adonis putride.

Et ne sera-ce pas un exemple profond,
Si, vers la fin des temps, de ta vaste Épopée,
Il ne reste, Grand Roi, qu'une vieille Poupée ?

LXVII

ENSEIGNE

Le dernier mot du Règne est dit par une auberge
Qu'aux souvenirs désigne un traître médaillon ;
Un Phébus y rayonne en cheveux d'Absalon...
Ce fut le *Soleil-d'Or* : — la fange le submerge.

La Cour y rutila — la tourbe s'y goberge ;
On y loge à la nuit le vice et le haillon.
Sur son seuil, qu'effleura l'ombre de Fénelon,
Affriole une Hébé, qui ne semble plus vierge.

Le Soleil fut la Roue énorme de ton char ; .

La fornication y brille : — un lupanar

Se charge de venger ta magnanime épouse.

L'Hôtel du *Soleil-d'Or* devient un mauvais lieu ;

Ton médaillon subsiste, au-dessus d'une bouse...

— Tu fais ton examen de conscience, dieu !

LXVIII

Ce que fait de débris, de cendre, de poussière,
La dépouille des dieux, Saint-Denys l'a prouvé ;
Sous l'aile de la Mort, l'œuf longuement couvé,
La Révolution l'arrache au Cimetière.

La foule de nos Rois reparaît tout entière,
Au val de Josaphat, préventif, irrêvé ;
Tel, brun comme la poix ; tel, clair comme un névé ;
Des débris d'ossements gardent leur mine altière.

Un bleu manteau royal laisse fuir, de ses plis,

L'âpre corruption qui souille, en l'interstice,

Des sceptres, des bandeaux et des mains de justice.

La Vertu, sur les fronts, survit, pareille au lis ;

L'Espérance, en les cœurs, s'amarre comme une ancre...

— Le front du Roi-Soleil est noir comme de l'encre.

12.

LXIX

LE BIEN-AIMÉ

Le Pacha Louis Quinze est Sire à plusieurs queues.

Les quatre Sœurs Mailly fleurissent son harem ;

Le Saint-Esprit de l'Ordre, et le ruban item,

Voient à son col rougir duvets blancs, moires bleues.

La Pompadour sent le péché de plusieurs lieues :

Centum sunt causæ cur ego semper amem,

Répète le vieux Coq près de son requiem :

La Dubarry n'a plus que des royautés feues.

Des lèpres noires font justice d'un tel Roi.

Un prêtre vient d'un mot relever tant de chutes :

Trente-huit ans de stupre enfuis en vingt minutes.

Le seuil rouvert, la Cour regarde avec effroi,

Sous une puanteur qui résiste au vinaigre,

Dans l'alcôve royale, agoniser un nègre !

LXX

Cinq fois l'an, au sortir des coupables ruelles,

Désireux d'expier les écarts de son rut,

Le Prince à ses pouvoirs offre un plus noble but,

Et vient, des scrofuleux, toucher les écrouelles.

Assisté de valets qui portent des écuelles,

Suivi des aumôniers qui règlent ce comput,

Il promène sa main, du front à l'occiput,

Sur l'infirme affligé de ces glandes cruelles.

Miraculés français, pèlerins espagnols,

Remportent de l'espoir, et trois ou quatre sols,

Plus le sacramentel : « Dieu guérit, le Roi touche! »

Mais Louis Quinze, un jour, nous apparaît marri

Du jeu de thaumaturge et du jeu de mari...

— Dieu guérit sans le Roi — qui, sans la Reine, couche.

LXXI

VIEILLES FILLES DE FRANCE

Les filles de Louis qui n'ont pas gagné l'ambe
Du mariage, font, aux portraits de Nattier,
Figure assez maussade ; et ce passementier,
Pour Mesdames, en vain, gonfle son dithyrambe.

La guipure d'argent parmi le brocart flambe ;
Leur disgrâce est royale et leur cœur reste altier ;
L'une tient sa guirlande, et l'autre, son psautier,
Ou se plaît à frôler la viole de gambe.

Sophie est sage, et reste à broder au tambour.

Le rose Du Barry, sur le bleu Pompadour

Se pose loin de Coche, et Graille, et Chiffe, et Loque.

Mais Madame Septième a l'orgueil plus formel :

Elle se donne au Dieu qu'Adélaïde invoque ;

Victoire meurt vaincue, et, Louise, au Carmel.

LXXII

LA MARQUISE

La Pompadour fut Reine en son orgueil gaucher.
D'abord elle apparaît, aux chasses, en calèche
Où l'hymen rose et bleu de son habit allèche,
Telle que la peignit, d'un chef-d'œuvre, Boucher.

Entre le grand couvert et le petit coucher,
Elle grave un onyx d'une pointe de flèche;
Et, pour bander son arc, lorsque son trait s'ébrèche,
Elle a plus d'une corde, ainsi qu'un bon archer.

Elle chante à l'alcôve en Euterpe légère ;

Puis présente à la Reine en colère, un *panier*

Lourd de superbes fruits — dont elle a le dernïer.

Sur l'ordre de chanter, la Muse Potagère,

Et, sans se décharger du fardeau plein de suc,

A Marie en courroux lance un défi de Glück.

LXXIII

LA COMTESSE

Conforme à son rôlet de monstre et de bijou,
La Du Barry nous reste en l'espèce d'un Sèvres;
Il a le rose tendre et la fleur de ses lèvres,
Et c'est un immortel et fragile joujou.

Prudence de fourmi, grâce de sapajou,
Elle exerce bronziers, céramistes, orfèvres;
Ajoutez la frayeur excessive des lièvres...
Callot la devrait peindre : il la cède à Pajou.

Son léopard subsiste au Palais des Voitures...
Luciennes la retient toute à ses confitures,
Quand l'autre léopard de *la Terreur* descend.

Quand ta chaise à porteurs se transforme en charrette;
Qu'il te faut y monter, monstrueuse Perrette,
Et que ton Pot-au-Lait se change en Pot-au-Sang!

LXXIV

VISION

Sur le pâle Cheval que meut l'Apocalypse
Chevauche, dans la nuit, la Reine Pompadour.
Son écuyer la suit, il est cavalcadour,
C'est Louis Quinze ; dans sa main le lis s'éclipse.

En un morne rayon givré comme du gypse,
Ils passent : l'air s'émeut de leur horrible amour ;
Et des chauves-souris qui volent alentour
Nimbent leurs tristes fronts de leur douteuse ellipse.

C'est Francesca, c'est Paolo, défigurés ;

Le dégoûtant appoint des plaisirs procurés

D'un nuage de stupre environne le groupe.

Et sur le coursier blanc dont se crispent les nerfs,

A tous relais nouveaux, on voit grimper en croupe,

Un tendron violé jadis au Parc aux Cerfs.

LXXV

TOISON D'OR

Disgracieux, balourd, malhabile, taquin,
De sa Cour à sa forge alterne Louis Seize.
Il étouffe sa gloire, il allume sa braise :
Ce n'est qu'un gauche Sire et qu'un piètre Vulcain.

Il a le regard morne et le geste mesquin.
Marie aux fleurs de lis met des lèvres de fraise,
Il les cueille sans charme et sans grâce les baise,
Maladroit sur le trône et sous le baldaquin.

La seule adversité l'orne d'un diadème ;
Elle nous le révèle, et l'explique à lui-même :
La guillotine, en palme, exalte son laurier.

A sa tête tranchée il sied que l'on se rende.
La porte de la gloire et du ciel, toute grande,
Cède à l'effraction du Royal Serrurier.

LXXVI

LIS ROSE

Antoinette est un lis que l'on fauche debout.

Perles dont les rubis interrompent la ligne ;

La blancheur est son lot, la rougeur la désigne ;

Une rose de France orne son marabout.

Le lait de Trianon s'empourpre à l'autre bout.

La Reine voit la Mort — la Bergère se signe ;

Et la femme au calice enfiellé se résigne...

Le lait se caille, le pleur coule, le sang bout.

Saint Denys, devançant ton martyre, y supplée :

Il porte dans ses mains sa tête décollée,

Et, dans sa basilique, aurait pu t'accueillir,

O Toi qui, dans tes mains, portes aussi ta tête,

Rose et lis transformés en un bouquet de fête,

Et que sur l'échafaud un Ange vient cueillir !

LXXVII

Le plus pur des Bourbons est un orphelin blême.

Tendre Dauphin broyé, l'Enfant Louis Dix-Sept

Humanise en ses traits l'Enfant de Nazareth,

· Fils de dieux et de rois qu'adopte Dieu lui-même !

Des épines, au front, lui font un diadème ;

Le miracle embaumé de Sainte Élisabeth

En ses bras torturés a rejailli plus net ;

Les lis de son manteau lui servent seuls de chrême.

Il porte un sceptre en fleurs, d'un air de Séraphin;

Son décès discuté le fait vivre sans fin;

Son sort, qui semblait dur, un mystère l'élide.

Son trépas, à jamais demeure partiel.

C'est comme un Papillon qui fuit sa chrysalide,

Et dont le doux vol bleu se fond avec le Ciel.

LXXVIII

Les Rois tirent les Rois, entre eux, avec les Reines :
Jeu qui rend potentat et monarque deux fois.
Le Roi boit! sacre clair, diadème sans poids,
Qui double d'un seul cri les grandeurs souveraines.

Le Rustre, roi du chêne et vainqueur des moraines,
Le corvéable, aussi, dans la nuit des grands bois,
Fête l'Épiphanie!... et les terrestres voix
Clament ses royautés plus simples, plus sereines.

O sort majestueux ! — O champêtre destin !
Le véritable Roi ! — l'humble Roi de la fève !
L'un couronné d'orgueil — l'autre ceint du seul rêve.

Je vois s'emplir leur verre, au cours de leur festin :
L'un savoure la paix par qui le deuil s'oublie...
L'autre épuise l'ennui, l'amertume et la lie.

LXXIX

L'affreux métier de Roi, de naissance on l'exerce,
Sous la haine du peuple, et dans l'exil des cœurs,
Louis Quatorze même en connaît les rigueurs ;
Et parfois, en ce dieu, l'humanité reperce.

La pourpre est, à traîner, plus lourde qu'une herse ;
La blancheur de l'hermine a d'étranges rougeurs.
Le Char se fait Charrette, au dam des voyageurs,
Et ce n'est pas longtemps que son triomphe berce !

Dans un lit, Louis Quinze en fuit l'anxiété ;

Antoinette en son val, Louis Seize en sa forge :

Mais la Fraternité les traque, et les égorge.

La Liberté les jette aux fers, l'Égalité

Qui les trouve trop hauts, les raccourcit d'une aune...

— Et l'Échafaud devient leur véritable trône.

LXXX

O Marie-Antoinette, à quel horrible hymen
S'envolent tes quinze ans sur la route de France?..
Un calice... et la lie; une ivresse... et la transe;
Le *Te Deum* splendide, et le sinistre *Amen!*

Près de Charles de Ligne et d'Axel de Fersen
Qui font innocemment le jeu de l'apparence,
La Terreur à ton col noue un fil de garance
Dont le réseau saignant empourpre ton Eden.

Du délicat bol-sein dont s'allaitaient les hôtes,

Le lait immaculé se verse à des bourreaux

Qui te tendent le fiel des malheurs et des fautes.

Et, pour l'adieu suprême, on hisse à tes barreaux

Des jeux de Trianon l'agonisante balle,

La tête encor poudrée, et rouge, de Lamballe !

LXXXI

Lamballe fut sublime : elle égale Sombreuil,
Et la surpasse : l'une a bu son cruel verre...
L'autre boit plus de fange ; et sa mort se voit faire
Une plus triste insulte, elle a droit à l'orgueil.

Préférée, oubliée, elle revient au seuil
Que, brillant, élle fuit, mais qu'elle aime sévère ;
Arrêtée, arrachée à ceux qu'elle révère,
On l'enferme, on l'égorge, elle meurt sans cercueil.

Que dis-je, sans cadavre! on lacère ses restes,
On les profane : elle offre un des plus sombres gestes
Aux Révolutions qui s'enivrent d'horreur.

Sa tête est l'un des grains de la vendange épique :
Pour sa Reine elle expire, et doit à la Terreur
D'être un dernier sourire au sommet d'une pique!

LXXXII

Ce fier Duc d'Orléans qu'Ingres peignit si beau,
A toute la splendeur d'un Porphyrogénète :
Son regard est limpide, et sa droiture est nette ;
Il est Diadumène, et descend au tombeau.

Sa jeunesse a l'éclat radieux d'un flambeau ;
Il a le port d'un Prince, et l'élan d'un Cornette ;
Sa pourpre a la clarté fixe d'une planète ;
Mais le sort la déchire en un royal lambeau.

Il marche un des premiers, de ces tendres victimes
Dont, hélas! de nos jours, Royauté, tu rédimes
Un sombre réméré d'historiques abus.

Dans l'ardeur d'un héros et l'éclat d'un pontife
Il fut Celui qui meurt, ses jours à peine bus,
Et que remporte au Ciel le vol d'un Hippogriffe!

LXXXIII

Le Ciel est rose et bleu pour plaire à la Marquise,
Pomponné de vapeurs aux flottants falbalas.
Il est temps de mourir pour ce qui se sent las ;
Pour se désespérer la minute est exquise.

Par tant de voluptés l'agonie est acquise :
L'heure sonne — elle tinte avec un bruit de glas.
Une ère est aux vivats ! — Une autre est aux hélas !
D'un rayon de soleil le couperet s'aiguise.

Un nuage de pourpre y met comme un caillot ;

Et le Char d'Apollon qui déplaît à la tourbe,

Dans le bassin de sang qui le mire, s'embourbe.

La tête de Phébus roule sur le billot ;

Le Grand Siècle agonise... — et sa clarté qu'il darde,

En un dernier reflet qui le baise, le farde.

LXXXIV

Quelle sera ta Véronique, Siècle impur;

Monde empreint d'un orgueil que le Seigneur déteste?

Sur un tissu tramé d'amiante ou d'asbeste,

Qui prendra ton empreinte en un voile d'azur?

La finesse d'un linge, et la hauteur d'un mur;

La blancheur d'un Paros, la mollesse d'un ceste

Conviennent pour fixer l'attitude et le geste

De ce qui fut en toi voluptueux ou pur.

Pose au masque empourpré de cette Clio, pose,

Beau ciel sanguinolent, une batiste rose,

Où des grains de corail piquent leur minium.

Et fais, ô Poésie, en qui tremble une Étoile,

Du deuil des boulingrins le descriptible voile

Où l'âcre sang soit bu par le géranium.

LXXXV

Versailles, Vatican d'un Roi qui fut Papal,

En toi, flotte un parfum de roses et d'helminthes ;

Du *Bosquet d'Apollon*, j'entends sortir des plaintes,

Et l'eau pleure sans bruit dans la *Salle de Bal*.

A la pierre sied plus qu'un myrte ou qu'un nopal,

L'if mélancholieux, frère des térébinthes ;

Les veines des degrés que Musset a dépeintes

Saignent d'un peu de pourpre en leur aspect tombal.

Les mules qui glissaient au Paros de leurs marches

Ont cessé d'effleurer ces dalles et ces arches ;

Ton squelette, ô Vénus ! sous leur rougeur blanchit·

Paix au Passé ! Paix au Péché ! Paix au Martyre !

Le Soleil sous les plis de l'ombre se retire...

Paix aux grands Arbres ! Paix aux grands Marbres : *Ci-gît !*

LXXXVI

Tous ceux qui dans l'Eden-Versailles ont souri,
Lauriers-roses, pareils à des bouquets de bouches,
En vos ardents buissons vibrants comme des touches,
Font flamboyer sans fin leur souvenir fleuri.

Plus d'un cadavre intact sous le gazon pourri,
Dans le marbre effrité des funéraires couches,
Par vos fleurs où l'insecte au rouge met des mouches,
D'un long mémorial de tendresse est nourri.

Doux rosiers remontants de la Femme adultère,
Un tourment végétal vous oblige à vous taire,
Mais votre arome dit votre amour enfermé.

Beaux lauriers, jets vivants de sensitive pulpe,
Faites pleuvoir sur nous vos baisers que disculpe
Une absolution d'avoir beaucoup aimé.

LXXXVII

POT-POURRI

Tes phases, ô Palais, sont toutes accomplies.

Char, un caillot de flamme empourpre tes moyeux;

Bulbe, un rejet de fleur expire à tes caïeux;

Parc, tes bosquets sont froids comme des abbayes.

Temple, vóici venir, après vespres, complies.

Tes orémus sont morts, fanés, tes camaïeux;

Et sur le Tapis Vert que foulaient nos aïeux

Des marchands de plaisirs débitent leurs oublies.

De ta blessure ouverte où frissonne le foin
Comme un revenez-y de soufre et de benjoin
Perpètre une senteur tendre et nauséabonde.

Lulli pleure en dièse, et Mozart en bémol;
Et sur le tain lépreux de ton eau moribonde,
Meurt nostalgiquement l'ombre d'un tournesol.

LXXXVIII

LILIA

Toutes les fleurs de Lis dont un Bourbon est ceint
Et dont Ingres joncha le bleu de Louis Treize,
Sont dans ce blanc jet d'eau qui s'irrite et s'apaise...
Le vent le courbe, un pleur l'accroît, rien ne le vainc.

Un Lis est toujours Lis, même bourbeux ou feint;
Aux mains de Louis Quinze ou de sainte Thérèse.
Dieu qui juge les Bons et les Méchants, soupèse
Dans le bouquet dernier le sang dont il est teint.

Si le sang fut requis par le Lis, Dieu le broie ;

Dieu l'aime, si son sang pour d'autres fut versé,

Et les Cieux infinis s'en sont fait une joie.

J'ai fait jaillir les Lis, en gerbes, du Passé,

Comme fit le Vinci, cher à Ludovic Sforze :

Pour Louis Douze, Lui ; — moi, pour Louis Quatorze.

LXXXIX

Ainsi qu'un donateur dans le coin d'un triptyque,
Comme le Tintoret au tableau de Saint-Marc,
Je trace mon portrait sous les ombres du parc,
Songeur et souriant, jeune, et de race antique.

Au pied d'un marbre blanc, auprès d'un vert portique
Où Phébus tient sa lyre, et Diane son arc,
Ton fier ennui brumeux, Hamlet de Danemark,
Dans ce frère puîné s'affine en sel attique.

Mes ancêtres, Louvois, Courtenvaux, Barbezieux,
Des Maréchaux de France et d'illustres Ministres
Quittent, à m'écouter, leurs airs froids ou sinistres.

Et leurs regards lointains refleuris en mes yeux,
Me font, quand je les mire au cœur des eaux foncées,
A travers mon esprit rentrer dans leurs pensées.

XC

La Nature à l'Histoire emprunte ses effets,
Qu'événements, et frondaisons, la rouille mange.
Tout se pénètre, tout communique et s'échange :
Le Bois a son feuillage, et le Siècle a ses faits.

Ce malade immortel : le Temps, a deux chevets
Dont le dais est de pourpre, et, la marche, de fange ;
En quoi l'un a péché, c'est l'autre qui le venge :
La Révolte est funeste, et l'Hiver est mauvais.

Le même Dieu, du même souffle les effleure.

La Nature est pareille à l'Histoire : elle pleure.

A l'orage, l'émeute est semblable : elle dort.

En ses transitions de l'un à l'autre règne,

Qui, du feuillage roux, passe au feuillage mort,

La Nature est pareille à l'Histoire : elle saigne !

XCI

L'Une pleure, et ne veut pas être consolée,

C'est la *Nature*, c'est Rachel : ses bois défunts,

De l'exil des oiseaux, de l'envol des parfums

Ont pris le deuil... et de brouillards elle est voilée.

L'autre entoure du geste un vaste mausolée :

C'est Niobé : l'*Histoire* aux crépuscules bruns ;

Leurs sanglots empourprés se font d'affreux emprunts,

Et leur double douleur en ce lieu s'est mêlée.

Une Sœur les unit qui leur montre ses mains ;
Une rouge héroïne arrachée à Shakspeare,
En qui l'Histoire meurt et la Nature expire...

Elle parle, sans bruit, des sombres lendemains :
Quels arbres et quels troncs sont menacés de hache ?...
Lady Macbeth murmure en les marquant : « *La Tache!* »

XCII

Une Nymphe, une Sainte, une Muse, une Fée,
Sous un jour tamisé comme par des vitraux,
En un site où des fleurs poussent sur des coraux,
Près d'une Lyre exhale une plainte étouffée.

Parée avec recherche, artistement coiffée
Et telle qu'à jamais la peindront les Moreaux,
Sa chair a la pâleur mate des blancs sureaux :
Elle porte en ses mains le chef tranché d'Orphée.

Ce Lis mélodieux, ce sanguinolent fruit

A la pulpe de chair, à la saveur de bruit,

Que cette Vierge en pleurs, cueille à sa promenade;

La Poésie en deuil l'a prise à ton panier,

Révolutionnaire et coupable Ménade :

C'est la Tête immortelle, et morte, de Chénier!

XCIII

J'ai présenté la glace aux lèvres du mourant ;
Son haleine encor tiède y pose sa buée
Où l'histoire d'un siècle, erre, distribuée :
Ce qui fut odieux, près de ce qui fut grand.

Chaque figure, en elle, à son tour, à son rang
Se dispose : une Sainte, une Prostituée ;
Le souffle du passé d'où part cette nuée
Sur le miroir souillé se confesse en pleurant.

Dans le torpide embu qui sort de cette bouche

Clio promène un doigt oraculaire, et touche

Les Spectres englués en ce brouillard impur.

Mais du cristal terni l'héroïque nuage

Se dissipe, et fait place à l'abluant mirage

Des yeux du firmament sous le front de l'azur!

TABLE

IMPRIMÉ

PAR

CHAMEROT ET RENOUARD

19, rue des Saints-Pères, 19

PARIS

Extrait du Catalogue de la BIBLIOTHÈQUE-CHARPENTIER
à 3 fr. 50 le volume
EUGÈNE FASQUELLE, ÉDITEUR, 11, RUE DE GRENELLE

POÈTES CONTEMPORAIN

THÉODORE DE BANVILLE

Poésies complètes. . . . 3 vol.
Nous tous . . . . 1 vol.
Sonnailles et Cloch ++°° 1 vol.
Dans la Fournaise. . . .1 vol.

HENRI BARB.....

Plenrenses. . . . . 1 vol.

MAURICE BOUCHOR

Les Chansons joyeuses. . 1 vol.
Les Poèmes de l'Amour et
   de la Mer. . . . . . . 1 vol.
Le F...st moderne. . . . 1 vol.
L'Aurore . . . . 1 vol.
Les Symboles. . . . . . 1 vol.

SAINT-GEORGES DE BOUHÉLIER

Eglé ou les Plaisirs cham-
   pêtres . . . . 1 vol.

CLAUDE COUTURIER

Chansons pour toi. . . . 1 vol.

ALPHONSE DAUDET

Les Amoureuses. . . . . 1 vol.

EMILE GOUDEAU

Chansons de Paris et
   d'ailleurs. . . . . . . 1 vol.

EDMOND HARAUCOURT

L'Ame nue.. . . . . . . 1 vol.
Seul. . . . . 1 vol.

ARSÈNE HOUSSAYE

Poésies complètes . . . 1 vol.

CLOVIS HUGUES

Les Évocations . . . . . 1 vol.

FELIX JEANTET

Les Plastiques . . . . . 1 vol.

JEAN LORRAIN

L'Ombre ardente.. . . . 1 vol.

JACQUES MADELEINE

A l'Orée . . . . 1 vol.

MAURICE MAGRE

La Chanson des Hommes. 1 vol.

CATULLE MENDÈS

Poésies complètes. . . . 3 vol.
La Grive des Vignes. . . 1 vol.

Cte ROBERT DE MONTESQUIO.

Le Parcours du Rêve au
   Souvenir. . . . . . . 1 vol.
Les Hortensias ble . . . 1 vol.

MISTR.

Mirèlo . . . . 1 vol.

LUCIEN PATÉ

Poésies. . . . . 1 vol.

JEAN RICHEPIN

La Chanson des Gueux. . 1 vol.
Les Caresses . . . . . . 1 vol.
Les Blasphèmes. . . . . 1 vol.
La Mer. . . . . 1 vol.
Mes Paradis . . . . . . 1 vol.

GEORGES RODENBACH

Le Règne du Silence. . . 1 vol.
Les Vies encloses. . . . 1 vol.
Le Miroir du Ciel natal . 1 vol.

ROGER MILÈS

Cent Pièces à dire. . . . 1 vol.

MAURICE ROLLINAT

Les Névroses. . . . . . 1 vol.
Dans les Brandes. . . . 1 vol.
L'Abîme.. . . . . 1 vol.
La Nature. . . . . 1 vol.
Les Apparitions. . . . . 1 vol.
Paysages et Paysans . . 1 vol.

ARMAND SILVESTRE

Premières Poésies. . . . 1 vol.
La Chanson des Heures. 1 vol.
Les Ailes d'or. . . . . . 1 vol.
Le Chemin des Étoiles. . 1 vol.
Roses d'Octobre. . . . . 1 vol.
L'Or des couchants. . . 1 vol.
Les Aurores lointaines. . 1 vol.
Les Tendresses . . . . . 1 vol.

PAUL VERLAINE

Choix de Poésies. . . . . 1 vol.

GABRIEL VICAIRE

Émaux Bressans . . . . 1 vol.

14250. — L.-Imprimeries réunies, rue Saint-Benoît, 7, Paris.